Souvenirs de la Guerre de 1870-71

LES FRANCS=TIREURS

du Nord

AU

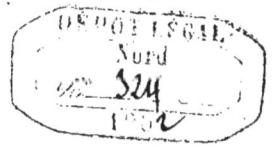

COMBAT DE LONGCHAMPS (Eure)

(LE 25 OCTOBRE 1870)

V.-A CRU

EX-CAPITAINE ADJUDANT-MAJOR

COMMANDANT PAR INTÉRIM LE BATAILLON DE FRANCS-TIREURS

S'il vient des jours de péril et d'alarme,
Dans l'avenir,
Soldat la France en main te place une arme, -
Pour la servir.
A l'ennemi, quand tu vois qu'il s'avance,
Cours sans pâlir ;
Mais dans ses rangs, marcher contre la France
Plutôt mourir,
Oui, plutôt mourir !

E.-C. Bourseul.

LILLE

IMPRIMERIE A. DEVOS

49, Rue de Béthune, 49

1892

LES FRANCS-TIREURS

DU NORD

au

COMBAT DE LONGCHAMPS (Eure)

(25 Octobre 1870)

Souvenirs de la Guerre de 1870-71

LES FRANCS=TIREURS

du Nord

AU

COMBAT DE LONGCHAMPS (Eure)

(LE 25 OCTOBRE 1870)

V.-A CRU

EX-CAPITAINE ADJUDANT-MAJOR

COMMANDANT PAR INTÉRIM LE BATAILLON DE FRANCS-TIREURS

S'il vient des jours de péril et d'alarme,
Dans l'avenir,
Soldat la France en main te place une arme,
Pour la servir.
A l'ennemi, quand tu vois qu'il s'avance,
Cours sans pâlir ;
Mais dans ses rangs, marcher contre la France
Plutôt mourir,
Oui, plutôt mourir !

E.-C. BOURSEUL.

LILLE
IMPRIMERIE A. DEVOS
49, Rue de Béthune, 49

1892

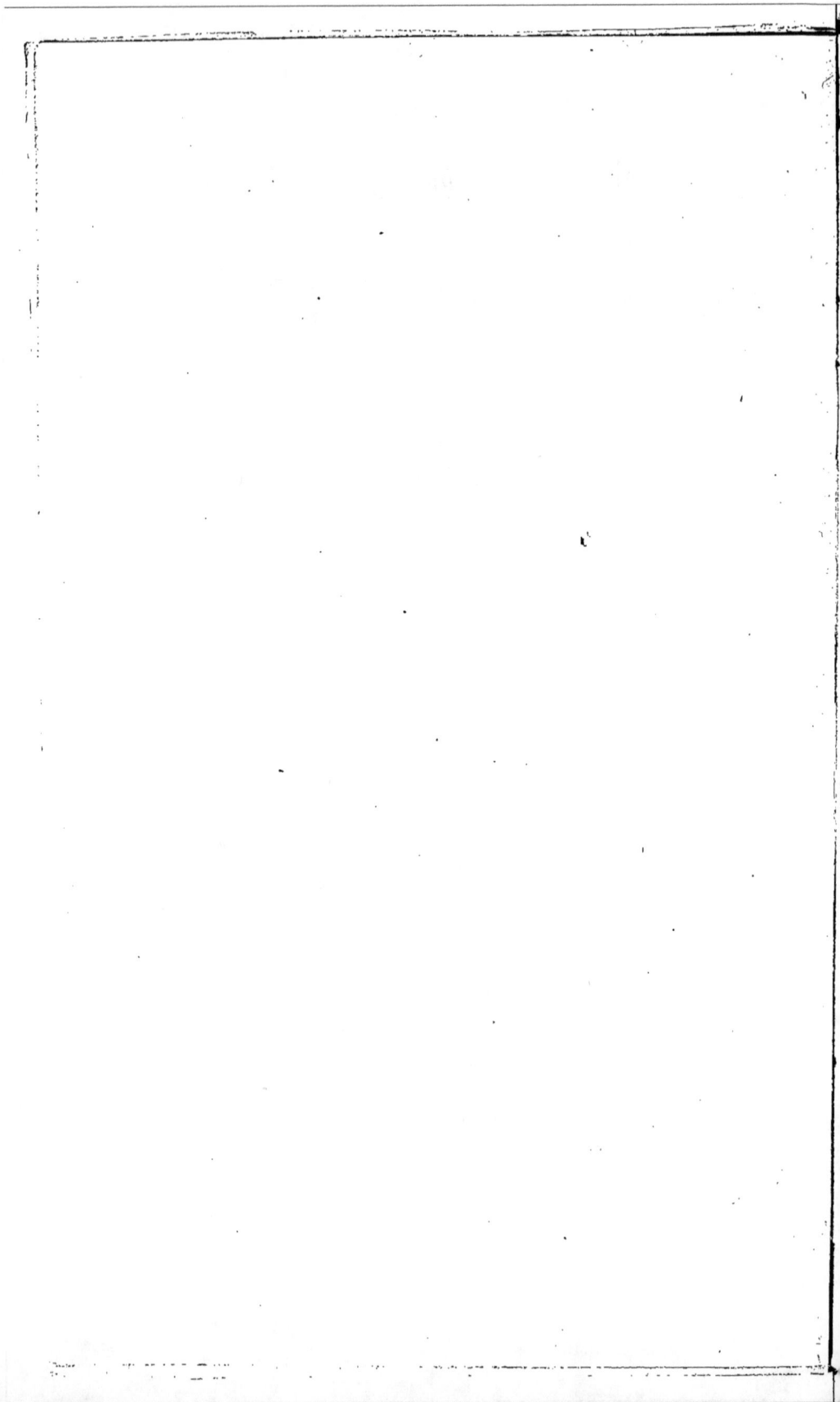

PRÉFACE

Le récit du " Combat de Longchamps" est extrait de " l'Historique des Bataillons de Francs-Tireurs du Nord" pendant la campagne de 1870-1871.

Dans le courant de 1871, j'ai adressé cet " Historique" au Ministre de la Guerre, suivant les instructions ministérielles données aux officiers ayant exercé un commandement pendant la guerre contre l'Allemagne.

Ce récit a été publié plus tard dans le " Courrier Populaire" de Lille, en décembre 1871, et dans la " France du Nord", de Boulogne-sur-Mer, les 24 et 27 Octobre 1878 ; aujourd'hui pour complaire aux désirs exprimés par d'anciens compagnons d'armes, je le publie à nouveau sous sa forme toute laconique. En parcourant ces quelques pages, les survivants de cette époque se souviendront des péripéties du combat de Longchamps et des belles actions accomplies par chacun d'eux dans cette lutte inégale ; ils se rappelleront leurs camarades et rendront un pieux hommage à la mémoire de ceux qui sont tombés glorieusement pour la défense de la Patrie envahie.

. . . .

Pour l'intelligence de ce récit, j'aurais voulu reproduire la carte de Longchamps et environs ; et le plan détaillé des opérations exécutées le 25 Octobre 1870 ; mais, pour des motifs indépendants de ma volonté, je n'ai pu obtenir cette satisfaction.

V.-A. CRU.

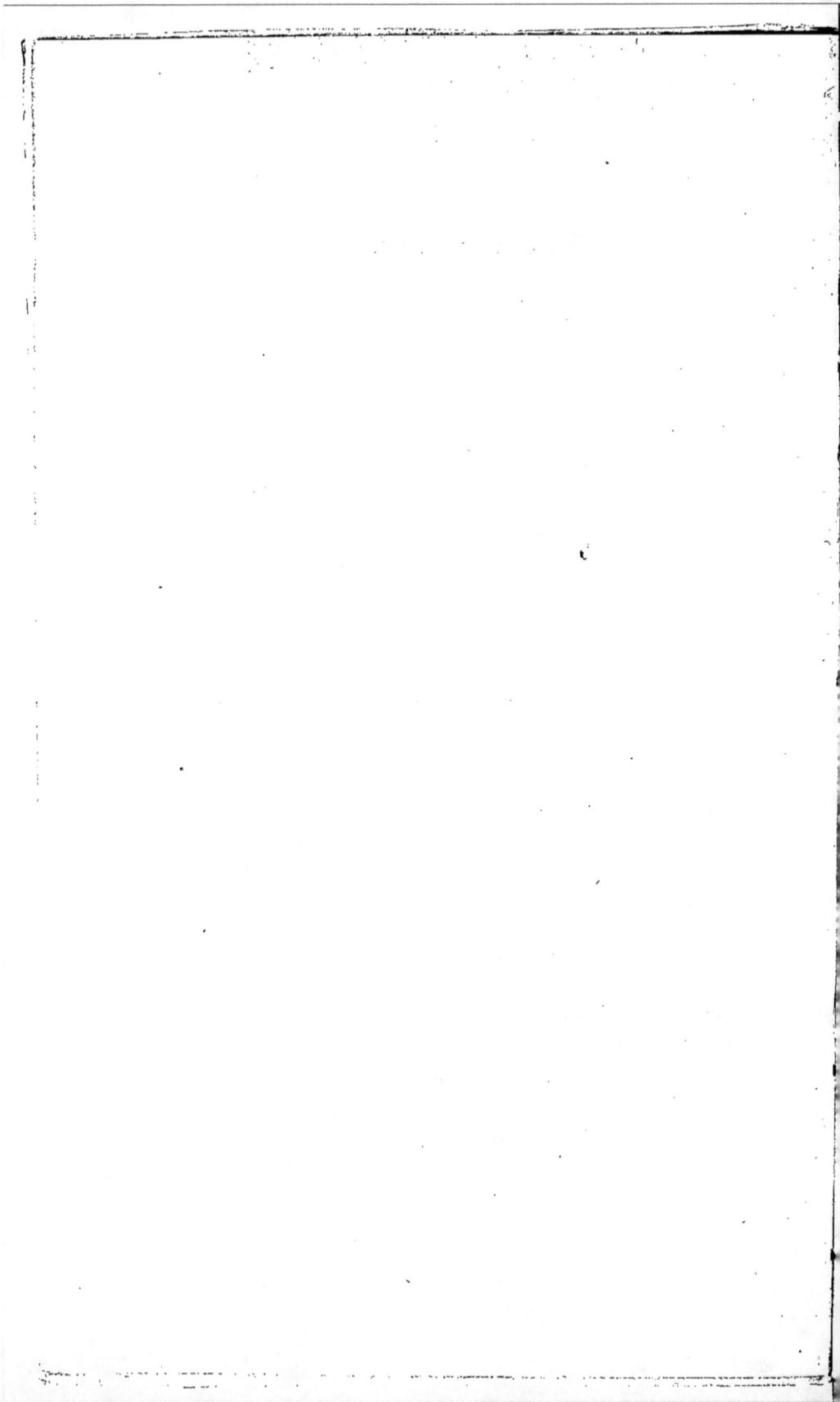

LES
FRANCS-TIREURS DU NORD

AU

COMBAT DE LONGCHAMPS (Eure)

(25 octobre 1870)

S'il vient des jours de péril et d'alarme.
Dans l'avenir,
Soldat la France en main te place une arme.
Pour la servir.
A l'ennemi, quand tu vois qu'il s'avance,
Cours sans pâlir,
Mais dans ses rangs, marcher contre la France.
Plutôt mourir,
Oui, plutôt mourir

E.-C. Bourseul.

Pendant qu'à Metz un Maréchal de France déléguait un général auprès du prince Frédéric-Charles de Prusse pour négocier les bases d'une capitulation honteuse, quelques volontaires dévoués, pénétrés des plus purs sentiments de patriotisme et peu soucieux des vanités de la gloire, luttaient courageusement le même jour, à Longchamps (Eure), et faisaient payer cher à l'ennemi une agression sur laquelle il avait fondé de grandes espérances.

Les Prussiens qui occupaient Gisors depuis le 10 Octobre et qui semblaient faire de cette ville un centre de réquisitions, s'étaient montrés dans le pays plat du

Vexin, notamment devant Longchamps. Les habitants qui redoutaient leurs incursions pillardes et leurs réquisitions vexatoires, avaient fait prévenir le lieutenant-colonel Rondot, commandant les Francs-Tireurs du Nord et commandant supérieur de Lyons-la-Forêt. M. Rondot n'avait pu obtenir aucun renseignement précis sur les forces des Prussiens ; mais en homme de cœur et d'audace et dont toutes les pensées n'avaient d'autre but que l'honneur de surprendre le prince Albrecht, il ordonna à deux compagnies du bataillon des Francs-Tireurs du Nord d'exécuter une reconnaissance, à l'effet de s'assurer de la présence des forces ennemies en avant de Morgny.

Assuré de l'énergie et du dévouement de ses hommes, le capitaine Banckaert sortit de Neuve-Grange, le 25 Octobre, de bon matin, par un temps brumeux, avec la 4ᵉ compagnie du bataillon, une section de la 3ᵉ et 40 hommes des Tirailleurs Havrais. Il arriva au point du jour sur Longchamps, où il s'établit dans une bonne position.

Vers neuf heures, la fusillade commença du côté des Prussiens, qui se replièrent devant nos tirailleurs et se dérobèrent derrière le village de Longchamps, qui fut occupé et fouillé dans tous les sens. Ce n'était là que le préambule : les Prussiens, prévenus à temps, on ne sait comment — *les Prussiens étaient toujours prévenus à temps* — reçurent du renfort, et, appuyés par de l'artillerie (2 canons et 1 obusier), attaquèrent Longchamps.

À ce moment l'artillerie prussienne était placée à droite et à gauche de la route de Longchamps à Gisors, derrière le chemin du Bifauvel à Mainneville. L'infanterie, derrière les fermes du hameau d'Entre deux Bocs et dans le chemin encaissé qui conduit à la côte Blanche ; la cavalerie derrière les fermes, près le chemin des Jerottes.

Les troupes prussiennes qui vinrent à Longchamps comptaient environ 1.000 hommes et appartenaient, l'infanterie au 27e de ligne, la cavalerie au 3e régiment de uhlans de la garde royale ; elles étaient accompagnées d'une batterie d'artillerie. Ces troupes étaient sous le commandement du prince Albrecht de Prusse, mais je ne pense pas qu'il fût à Longchamps en personne.

. . . .

Les francs-tireurs du Nord étaient déployés en tirailleurs en avant du village, à droite et à gauche de la route de Gisors, depuis le Chemin Vert jusqu'à la ruelle du Curé, sur le chemin des Andelys à Mainneville.

Les tirailleurs havrais, sur la même ligne, à gauche, en avant du Bois au Sueur.

Nos compagnies s'avancèrent bravement. Mais à peine avaient-elles fait cinq cents mètres, que des cavaliers prussiens, en assez grand nombre, parurent sur le plateau.

Jusqu'ici la fusillade avait lieu par intermittence, plusieurs groupent de uhlans les chargent, trois des leurs tombent, les autres prennent la fuite, les tirailleurs continuent à marcher jusqu'à l'éminence derrière laquelle le corps prussien est caché.

C'est alors que, sous une pluie très fine mais abondante, la fusillade devint vive et incessante.

À dix heures et demie, les nôtres étaient aux prises avec huit à neuf cents Prussiens. Ils se replièrent avec lenteur sur le chemin des Andelys et, s'abritant derrière les arbres, ils continuèrent un feu très vif.

L'ordre fut envoyé au sous lieutenant Schlinger, de la 3ᵉ compagnie, resté à Neuve-Grange, avec sa section, et que la fusillade avait fait sortir, de se porter en ligne à droite de Longchamps.

Averti de ce qui se passait, je laissai au château de Belleface (point de retraite), 150 hommes des Eclaireurs rouennais (capitaine Desseaux) ; je partis immédiatement avec la 1ʳᵉ compagnie du bataillon (lieutenant Marty), 80 hommes des Eclaireurs rouennais (lieutenant Bocquet), et quelques cavaliers des Guides de la Seine-Inférieure (sous-lieutenant Navet), je me portai en avant de Morgny, où j'assurai la retraite ; en même temps j'envoyai le brigadier Bon, des guides de la Seine-Inférieure, prévenir M. Rondot, commandant supérieur, à Lyons-la-Forêt.

À onze heures, les 3ᵉ et 4ᵉ compagnies du bataillon de francs-tireurs du Nord et les 40 hommes des tirailleurs havrais (capitaine Mocquet), après avoir essuyé les feux de peloton de l'infanterie, se trouvaient en présence de l'artillerie prussienne, qui s'était démasquée à 6 ou 700 mètres, mais son feu fut peu meurtrier, presque toutes les boîtes à mitrailles ayant fait balle au lieu de s'écarter.

Le combat continuait avec acharnement ; l'artillerie surtout lançait une pluie de boulets, mitrailles et obus, mais mal dirigés, les coups ne portaient pas, parce que l'état du sol détrempé par les pluies, dans lequel s'enfonçaient les projectiles, les empêchait de produire leurs effets. A part quelques blessés, il n'y eut que des pertes matérielles.

. . . .

Serrés de près, nos combattants rentrèrent dans les maisons et vergers de Longchamps, se mirent à couvert et de là continuèrent un feu nourri sur l'ennemi dont les forces semblaient se multiplier comme par enchantement. Les francs tireurs du Nord tinrent bon jusqu'au moment où la résistance devint impossible, combattant avec le plus grand courage et la plus rare intrépidité.

Les tirailleurs havrais (armés de fusils à tir rapide), postés près d'un petit bois, tirent sur les uhlans qui cherchent à les tourner ou à les envelopper et ripostent à l'infanterie qui se tient derrière le chemin encaissé de Longchamps à la Côte Blanche.

Au même moment, la fusillade se fait entendre sur d'autres points du village, et les Prussiens n'avancent, que lentement quoi qu'ils soient au nombre de huit à neuf cents ; mais les francs-tireurs, malgré leur audace et leur bravoure, doivent battre en retraite devant des forces *six fois supérieures*.

Sur l'avis du lieutenant Ménager (placé en observatoire dans le clocher de l'église), que les Prussiens avançaient sur leur droite tentant de tourner le village, les tirailleurs havrais se retirèrent en traversant Longchamps par la petite vallée qui longe le vieux Château, pour se rendre au bois des Bouleaux, et les francs-tireurs du Nord allèrent s'embusquer dans le cimetière, essuyant avec calme et sang froid le feu de l'ennemi, se relevant sous les décharges de mitraille, de boulets, pour lui infliger chaque fois de nouvelles pertes. De là ils gagnèrent le bois des Bouleaux et se replièrent sur Morgny d'une manière admirable. Dans cette retraite, un uhlan se précipite bride abattue, sur un retardataire, la lance en avant; celui-ci, prompt comme un éclair, tombe à plat vendre, se relève, lâche son coup de carabine dans le dos du prussien, le tue et prend son cheval, avec lequel il va rejoindre ses camarades.

. . . .

Cependant tout n'était pas fini; nos ennemis après avoir laissé au Vieux-Château un poste d'observation qui a eu la cruauté de tuer un pâtre et de massacrer un vieux célibataire qui leur demandait grâce, suivent nos francs-tireurs avec lesquels ils recommencent le combat en arrière du village.

C'est alors que M. Schlinger, sous-lieutenant, venant de Neuve-Grange avec sa section, se dirigeant sur le lieu du combat, marchant en tirailleurs dans le sentier de la Lande, appuyé sur le bois du Bel-Air, est arrêté près le bois des Bouleaux par une troupe d'environ deux cent cinquante à trois cents hommes, qu'il prit d'abord pour des Français. Ce brave officier, voulant s'assurer de la vérité, s'avança avec le sergent-fourrier Cannes, porteur du fanion, à environ cinquante ou soixante pas en avant de son peloton et entendit les cris : « *Amis, Français !* » auxquels il répondit : « *France !* », en agitant les couleurs nationales : mais au même instant on lui répondit par une décharge de plusieurs coups de fusils. Cette troupe était de l'infanterie bavaroise qui avait tenté de tourner notre droite et qu'une fine pluie avait empêché de voir plus tôt.

Le fanion fut coupé à la hampe.

.   .   .   .

Au même moment, un détachement de prussiens, également établis près le bois des Bouleaux, voyant nos francs tireurs échelonnés dans le sentier de la Lande et appuyés sur le bois du Bel Air, montent sur un accident de terrain et crient *en mettant les crosses de fusils en l'air :* « Amis, Français ! », et aussitôt qu'ils sont à la portée de ceux qui viennent les reconnaître, ils commencent la fusillade. M. Schlinger revient à sa troupe, à laquelle il dit avec le plus grand calme : « Mes amis, je sais à qui j'ai affaire. » et, agitant son képi, il fit commencer le feu aux cris de : « Vive la France ! ». Alors une vive fusillade répondit aux décharges des prussiens, dont le tir fut *des plus mauvais.*

Après un mouvement exécuté en avant pour enlever un franc-tireur blessé (le caporal Keutelaert), que les Prussiens ont lâchement achevé à coups de crosses de fusils, M. Schlinger ordonne à ses tirailleurs de se coucher et de continuer le feu ; un jeune soldat, le nommé Somper Gustave, dit Soupir, auquel le sous-lieutenant faisait observer qu'il n'obéissait pas à la sonnerie, répondit : « *Et vous, mon lieutenant, pourquoi ne vous couchez-vous pas ? Je fais comme vous, je reste debout* ». Et ce jeune brave continua à faire feu avec un courage et un sang froid admirables. — Le nommé Somper est aujourd'hui au 91ᵉ de ligne.

Le feu continuait toujours ; mais la résistance étant impossible, nos francs-tireurs se replièrent lentement sur Neuve-Grange ; les prussiens ne les poursuivirent pas.

Les Prussiens avaient l'intention, d'après des renseignements, de forcer Longchamps et Morgny. Je donnai l'ordre aux 3ᵉ et 4ᵉ compagnies du bataillon de francs-tireurs du Nord, et à 200 hommes des tirailleurs havrais, de reprendre l'offensive, de se porter en avant de Morgny, à gauche de la route de Longchamps. La 1ʳᵉ compagnie du bataillon et les 80 hommes des éclaireurs rouennais restaient placés en réserve. Cette petite colonne s'avança franchement en tirailleurs sur l'ennemi, qui céda le terrain ; son artillerie avait été réduite au silence par la justesse de notre tir et l'explosion de son obusier.

A midi et demie, la fusillade avait cessé sur toute la ligne.

Au moment où je donnais des ordres à Morgny et que je terminais de prendre mes dispositions pour la défense, j'appris par un cavalier parti de Neuve-Grange un peu avant onze heures, que le capitaine Romain, des gardes-mobiles des Basses Pyrénées, avait abandonné, vers neuf heures du matin, le poste de la Goupillière, et celui établi à l'extrémité de la forêt, sur la route de Puchay à Lyons, point de retraite des compagnies placées à Neuve Grange (1).

Préoccupé de cet incident qui pouvait livrer aux Prussiens deux routes importantes, praticables à l'artillerie et aboutissant à Lyons la-Forêt, je me transportai immédiatement vers ce point avec la 2ᵉ section de la 1ʳᵉ compagnie (sous-lieutenant Guillou) et quelques cavaliers avec lesquels je pris les devants. Je passai par Belleface où je vis le lieutenant colonel Rondot, commandant supérieur, qui arrivait à notre secours avec 300 hommes de la garde mobile des Basses-Pyrénées, desquels il fut distrait la compagnie du capitaine Wilz (110 hommes), que je dirigeai sur la Goupillière.

Là, je rencontrai un détachement de notre cavalerie (un peloton du 8ᵉ dragons, lieutenant Pinot ; un peloton

(1) Le capitaine Romain ne s'est pas conformé aux instructions du commandant supérieur de Lyons-la-Forêt, en date du 23 octobre. Cet officier a dit, pour se justifier, qu'il avait reçu l'ordre de rallier Lyons, ceci est vrai ; mais le poste qu'il occupait *ne devait pas être abandonné*. M. Romain devait être relevé par une compagnie de son bataillon, il devait attendre qu'on le relevât, il n'ignorait pas d'ailleurs que l'on se battait en avant de Morgny et de Neuve-Grange... Comment se fait-il que cet acte soit resté impuni ?

des guides de la Seine-Inférieure (lieutenant Cosnard), commandé par le capitaine Robert Lefort (1), qui, sur l'ordre du commandant supérieur, explorait tout le terrain en avant de la forêt, dépourvue de défenseurs par la mollesse du capitaine Romain. Je donnai mes ordres et revins immédiatement à Morgny avec la cavalerie.

A trois heures, l'ennemi s'étant replié sur Gisors, toutes nos troupes rentrèrent à leur campement, les postes furent doublés et la circulation interdite.

Nous eûmes seize tués et cinq blessés.

Quelques hommes des tirailleurs havrais furent légèrement atteints.

Les Prussiens ont perdu dans cette affaire 126 hommes et eurent bon nombre de blessés.

. . . .

Quant aux pertes matérielles, elles furent assez importantes mais elles eussent été très considérables sans l'énergique résolution de plusieurs habitants. L'artillerie prussienne incendia quelques maisons et ses projectiles brisèrent une grande quantité de monuments funéraires au moment où son feu le plus intense était dirigé sur le cimetière. Des fragments de pierres tombales furent projetés à plus de 80 mètres de

---

(1) Le capitaine Robert Lefort, qu'aucun de nous ne connaissait, était Robert d'Orléans, duc de Chartres, second fils du duc d'Orléans et petit-fils du roi Louis Philippe. Pour concourir à la défense du pays, il dépouilla son titre de prince et emprunta son nom à l'un de ses illustres ancêtres.

distance et plusieurs de ces fragments pénétrèrent dans des habitations où ils y occasionnèrent des ravages. Bon nombre de maisons furent criblées de boulets et d'obus et présentaient toutes les horreurs d'un siège.

La canonnade produisit une grande impression sur l'esprit de la population, cependant beaucoup d'habitants firent preuve de courage en arrêtant les progrès *d l'incendie, se dit un se combattre, ts disputrient le terrain à l'ennemi.* . . . . .

. . . .

Les combats de Longchamps et du Bois des Bouleaux livrés par un temps pluvieux (avec des carabines Minié) et par un nombre de combattants très inférieur à celui de nos ennemis, resteront longtemps gravés dans la mémoire de ceux qui y ont assisté : ils fournirent aux Prussiens l'occasion d'affirmer de nouveau leur tactique d'invasion, qui est d'avancer audacieusement en petit corps, et de se replier à la moindre résistance, pour attendre du renfort.

Ce brillant combat, tout à l'honneur de nos armes, a été livré contre l'avant-garde du prince Albrecht qui dut renoncer à ses projets de se porter sur la vallée d'Andelle — et puis sur Rouen — le passage par Lyons-la-Forêt lui étant désormais impossible.

Les Prussiens affichèrent à Gisors qu'ils s'étaient battus à Longchamps contre 3.000 hommes.

Il ressort clairement de cette tactique invariable, chez nos ennemis, de quelle utilité eussent été, pour le salut général, les résistances opiniâtres.

Je joins les noms de ceux *d'entre les braves du bataillon*, qui se sont distingués dans cette brillante affaire que l'*International*, de Londres, a qualifié : *un des plus beaux faits d'armes de la campagne.*

MM. Banckaert, capitaine; Schlinger, Senot, Ménager, lieutenants; Arrougé, adjudant sous-officier; Cliche, Ledieu, sergents-major; Turgard, Bafcop, Bazin, Crémers, sergents; Cannes, sergent-fourrier; Keutelaert, caporal; Somper, Poutry et Florin, francs-tireurs.

Avant de terminer, il est de toute justice de ne pas passer sous silence l'héroïque élan du capitaine Robert Lefort (duc de Chartres), et du cavalier Lefebvre, des guides de la Seine-Inférieure.

V.-A. CRU,
CAPITAINE ADJUDANT-MAJOR,
COMMANDANT PAR INTÉRIM LE BATAILLON DE
FRANCS-TIREURS DU NORD

Lille, Octobre 1871.

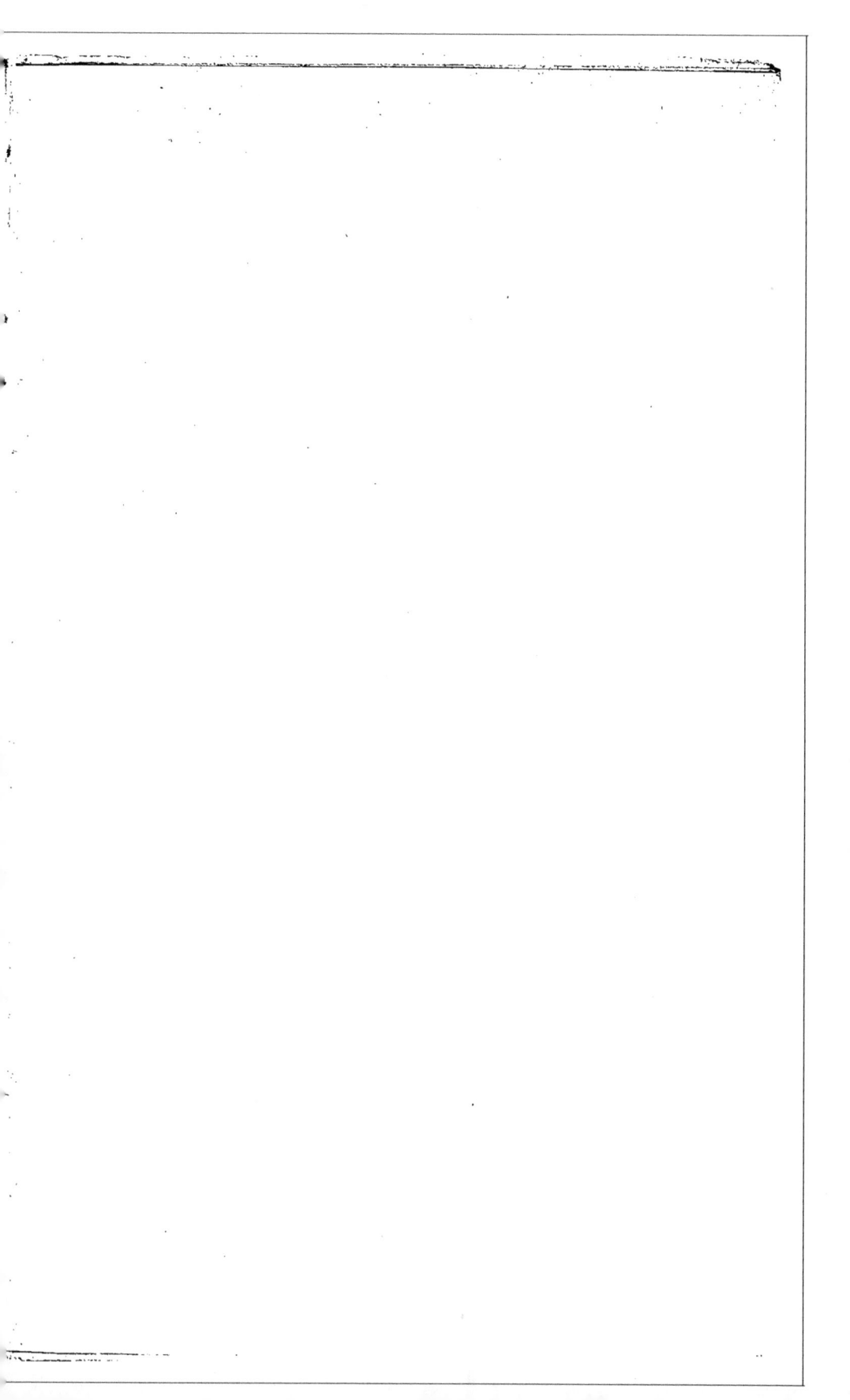

www.ingramcontent.com/pod-product-compliance
Lightning Source LLC
Chambersburg PA
CBHW061812040426

42447CB00011B/2615